NOTICE

A MESSIEURS LES MEMBRES

DE LA

COMMISSION D'EXPORTATION

SUR

L'ORGANISATION

FACULTATIVE

DES DÉBOUCHÉS

DE L'INDUSTRIE PARISIENNE,

PAR

D. POTONIÉ,

COMMISSIONNAIRE EN MARCHANDISES.

JUILLET 1848.

PRIX : 30 CENTIMES.

PARIS.

CHEZ

1848

CONSIDÉRATIONS PRÉLIMINAIRES.

MESSIEURS LES MEMBRES DE LA COMMISSION CHARGÉS D'ÉTUDIER LES DIVERS SYSTÈMES D'EXPORTATION.

Paris, ce 14 juillet 1848.

MESSIEURS,

Le *Moniteur* du 11 courant indique votre commission comme chargée d'étudier les divers systèmes propres à donner aux exportations la plus vive impulsion par des primes ou avances en faveur de l'industrie et du commerce français. Le projet de décret du comité du travail présenté à l'Assemblée nationale par M. Waldeck Rousseau (*Moniteur* du 21 juin) tendait de plus à provoquer des associations avec lesquelles plutôt qu'avec des entreprises particulières le gouvernement peut préférer traiter. Je viens vous soumettre des considérations dans le sens de ces deux idées.

Je vous demanderai votre indulgence pour la forme d'expression de mes pensées ; inhabile en l'art d'écrire je vous offre surtout l'expérience en matière d'exportation d'un commerçant qui depuis plusieurs années s'applique à étudier les ressources de l'*Industrie parisienne*. Je voudrais traiter dans cette notice autant l'état normal de cette industrie que sa souffrance actuelle ; je voudrais remonter aux causes du mal qui dépendent de notre imprévoyance, et faire de cet écrit une espèce d'introduction aux études spéciales que nous voulons tous faire et aux moyens d'application dont je me réserve de vous indiquer cer_tains de vive voix. Cette notice semblerait peu répondre aux exigences qui nous pressent avant l'hiver; mais vous voudrez, Messieurs, voir les choses de plus haut, et, jetant l'œil sur le passé, poser pour un avenir lointain des bases solides. Ce n'est que par écrit que je pouvais vous exposer des considérations générales, que je prends occasion de soumettre en même temps aux intéressés de l'industrie parisienne, à MM. les fabricants et commerçants, mes collègues.

Vitalité de l'Industrie parisienne.

Sous le titre d'Industrie parisienne, on comprend Bronzes, Pendulerie, Lamperie, Optique, Bijouterie, Meubles, Papiers peints, Porcelaine, Quincaillerie, Mercerie, et une série d'articles que j'ai dénommés dans un Tableau imprimé en **1842**, avec leurs valeurs d'exportation, pour les quinze principales contrées du globe. — Ces articles peuvent former le quart de l'exportation de la France; les trois autres quarts se composent de Produits naturels, de Boissons, et de la grande famille des Tissus.

Nos articles porcelaines, meubles, pendules et cylindres, sont d'un grand encombrement pour la *Marine*.

Le titre d'industrie *parisienne* serait souvent remplacé avec justesse par celui d'industrie *française;* car si Paris, par ses théâtres, ses musées, est le centre du luxe, du goût et du dessin, les industries de Lyon, de Mulhouse, de Rouen, de Limoges, sous l'influence du beau climat de la France, reflètent aussi dans leurs produits *façonnés* la première civilisation du globe, et sont vivement recherchés par toute les nations. — Nous n'avons de concurrents nulle part, et le goût est tellement inhérent au sol, que le génie de nos inventeurs français se dessèche presque à l'étranger comme la séve de nos vignes se dessécherait si on les transplantait en Norwége. Nos produits ont plus de la moitié de leur valeur en simple façon. Dans nos mains le zinc devient l'égal du bronze, l'os de l'ivoire, le cuivre de l'or. Paris est bien le centre de l'agréable, et Voltaire a dit que l'agréable est un superflu excessivement nécessaire. Pour les articles de précision, nous avons aussi une renommée méritée; la France est la patrie des sciences comme des arts.

— Les prix de nos produits seraient à peu près ce que nous voudrions les noter sans l'équilibre dû à notre concurrence intérieure : notre industrie parisienne ou française n'a pas besoin de *protection*, et quand les nations dans leur sainte-alliance ou dans leur entente cordiale se donneront la main et se diviseront le travail du globe, nous n'aurons pas besoin de renvoyer à l'agriculture les intelligences d'élite, qui des campagnes viennent former des artistes dans nos villes. La Russie nous fournira plus de grains, nous fournirons plus de mercerie française à la Russie ; nous emploierons tous les ouvriers qui ont la force de soutenir les chances des capitales, et le génie français suivra mieux les lois de sa vocation.

Mais pourquoi ces résultats espérés pour l'avenir n'ont-ils pas été obtenus plus tôt? Nous croyons devoir l'attribuer à la raison suivante :

Prévoyance et nécessité.

Les progrès humains sont dus généralement autant à la pression de la nécessité qu'à la vertu de la prévoyance, même chez l'homme civilisé. C'est des aspérités du caillou que s'échappe l'étincelle qui allume les plus grandes flammes. — Excusez, Messieurs, la témérité et l'impiété de ma conviction ; mais je crois qu'il faut, de la difficulté où nous sommes, faire jaillir le feu sacré commercial qui ne nous a pas encore assez échauffés.

On a cru que la France était éminemment agricole, industrielle, artistique, et qu'elle ne pouvait être *commerciale* et *maritime*. On s'est assurément trompé. — Le Français, bon soldat en temps de guerre, peut devenir bon marin en temps de paix. Il y a dans les villes quelquefois un superflu de cerveaux, que vous dirigerez plus utilement hors des côtes que vous ne les refoulerez vers la charrue. Jusqu'ici la *nécessité* ne nous faisait pas songer à cette issue ; nous étions heureux chez nous : après la guerre et la gloire de Napoléon qui nous occupa au commencement du siècle, l'industrie se développa sans trop grande concurrence ; mais nous devons aller plus loin.

Pour les Anglais, le système continental de l'Europe fut une *nécessité* qui les força d'élargir leur système d'invasion commerciale sur les quatre autres parties du globe; et ils y ont acquis une grande influence et fait de grands profits, auprès d'une clientèle que rien aujourd'hui ne nous empêche d'aller solliciter comme eux.

Je sais bien que les difficultés de vivre dans le Nord, cette *nécessité* géographique, rendent les Septentrionaux plus persévérants et aiguisent mieux leur *volonté*, tandis que les facilités de vivre dans le Midi, rendent les Méridionaux plus esclaves de leur *fantaisie* et de leur imagination. Or, si l'Angleterre est la première nation du Nord, la France est bien certainement la première nation du Midi; et quoique les caractères des deux nations se modifient en se rapprochant tous les jours de plus en plus, nous savons que c'est toujours contre les excès de notre *imagination* que nous avons à nous tenir en garde, pour ne pas être compris dans le dicton : « Toujours les inventeurs se ruinent. » Si donc la *nécessité* est capable de nous donner des leçons, ne les rejettons pas. *Patience, Prévoyance, Persévérance*, rendons ces vertus républicaines, et que la France (dût le tableau des avocats être moins chargé) compte parmi ses fils plus de commerçants et plus de marins.

Protection du Gouvernement.

Beaucoup de personnes assurent de bonne foi, quand le commerce souffre, que c'est la faute du gouvernement. — Hélas! pourquoi n'étudie-t-on pas de plus près l'économie commerciale de l'Angleterre? l'on verrait que là le gouvernement n'est que le *secrétaire* du commerce, et non pas le *président* de ses opérations.

Et en passant, nous dirons que notre ministère du commerce est en avance sur le commerce et sur l'industrie pour bien des points où ses efforts ne rencontrent que l'indifférence du public, ce qui ne veut pas dire que le commerce ne pourrait pas bientôt et facilement reprendre les devants.

Le gouvernement a pour rôle d'être *protecteur, législateur, arbitre*, mais il ne doit pas être *entrepreneur*. — L'État nous doit l'appui de sa flotte pour la sûreté de nos nationaux ; il nous doit des modifications de douanes et des traités de commerces négociés avec les étrangers ; il nous doit des renseignements de nos consuls, et encore des renseignements généraux de législation et de navigation, mais pas de renseignements spéciaux, surtout pour notre industrie parisienne, qui demande une étude particulière et détaillée. L'État nous doit des tribunaux de commerce et de prud'hommes ; puis des primes, si vous voulez ; à la rigueur on pourrait s'arrêter aux drawbacks. L'État nous doit le plus de liberté possible ; et surtout, mieux avisé qu'Alexandre auprès de Diogène, il ne doit pas nous cacher notre soleil. L'État doit combiner ses rapports avec les États voisins, de manière à éviter la fâcheuse position où nous sommes en ce moment vis-à-vis de l'Autriche et de la Russie, entre autres ; desquels pays nous ne pouvons faire revenir nos capitaux, l'exportation du numéraire venant d'y être interdite ; desquels pays nous ne pouvons faire venir de marchandises, grâce au peu de libéralité de nos tarifs, et où nous sommes obligés d'acheter des rentes ou chemins de fer, pour poser quelque part les fonds reçus en payement de nos commettants. L'État a pour mission surtout d'empêcher le mal, mais il n'a guère faculté pour créer le bien.

Soyons donc discrets à lui faire des demandes et à nous appuyer sur lui ; on sait que tout son trésor il le puise dans nos poches. Or, que gagnons-nous quand le *Doit* de notre main gauche se balance par l'*Avoir* de notre main droite, dont il faut distraire tous les *Frais* et toutes les lenteurs de l'administration ?

Oui, si l'État doit faire moins qu'on ne voudrait réclamer de lui, le commerce, par contre, doit faire beaucoup plus.

Action du Commerce et de l'Industrie.

Ici se présente l'idée de l'*Association*, d'abord réglant les intérêts des commerçants et des fabricants entre eux, puis reliant le commerce et l'industrie pour ouvrir les débouchés, et s'adresser à la consommation.

Je sais que les Anglais ne passeront pas de leurs simples associations actuelles (Joint-stock company) à la réédification d'une grande Compagnie des Indes, et je n'ai qu'une confiance modérée dans les associations d'intérêts en général; mais, pour l'industrie parisienne, il est de certaines études que nous avons besoin de faire en commun; et, sans rêver même quelque chose de semblable au Lloyd de Trieste, je désirerais que, déviant un peu du terrain révolutionnaire, nous missions dans des clubs industriels ou dans des meetings commerciaux une portion de cette ardeur dont l'électricité politique a été remuer un si grand nombre de nos voisins.

Eh quoi! nous serons de feu quand il s'agira pour le parlement de faire triompher un avocat sur un général, un journaliste sur un ingénieur, et nous serions de glace quand il s'agit de nos intérêts les plus proches, et je dirai même les plus municipaux, qui pèsent si fort dans les intérêts généraux de la France!

Intérêt et Dévouement, deux mots qui semblent être, qui sont en effet souvent en antagonisme, mais qu'il s'agit de mettre en harmonie. L'*Intérêt*, dans les vieux temps, avait pour *représentant* Mercure, dieu des marchands et des voleurs; mais, depuis que la civilisation a remplacé les dieux par les ministres, le *Dévouement*, modérant ses élans pindariques, a fait une fusion avec l'intérêt; et tout le talent aujourd'hui est de tracer au dévouement et à l'intérêt leurs limites rationnelles et équitables.

Mais le nombre des classiques qui penchent pour Mercure et pour l'intérêt est encore fort grand; et ce ne sont pas ceux dont la fortune réussit le moins; activité, ordre, économie, intelligence, unité de vues, connaissances spéciales, persévérance, sont des qualités qui font souvent réussir les individus mieux que les sociétés : aussi gardons-nous bien de tomber dans les utopies socialistes, en voulant détruire le nerf individuel; et si le mot *Organisation* est dans notre titre, qu'on veuille bien distinguer notre *organisation* FACULTATIVE de toute malheureuse idée d'*organisation* OBLIGATOIRE.

Dans l'association, nous voyons la division du travail, le

partage des rôles ; nous remplaçons souvent la *Concurrence* par le concours, mais le Commerce, intermédiaire entre la production et la consommation, ne peut avoir aucune velléité de détruire la concurrence des fabricants, ce qui ne ferait pas l'affaire des acheteurs étrangers, pas plus que la concurrence de ceux-ci organisés, s'il était possible, en monopole, ne serait à l'avantage des fabricants.

Le *Contrôle*, âme de toute association, devra s'établir actif, sévère, mutuel ; et si le commerçant a la mission de contrôler le produit des fabricants, les fabricants contrôlant la gestion des commerçants devront, par voie de l'élection, les choisir pour les rôles de Vérificateurs, de Facteurs, d'Arbitres, de même que, pour les tribunaux de commerce et de prud'hommes, les justiciables choisissent les juges.

Et le cas où ce contrôle mutuel est reconnu d'urgence par un chacun, est celui où Industriels et Commerçants se présentent sur le marché vis-à-vis des Étrangers, et où la bannière dominante doit être celle de la PROBITÉ.

Ce serait une sainte ligue, une union bien respectable que celle de membres sous la foi d'une *Estampille* engagés même rien que par la promesse d'agir avec loyauté, et de laisser de côté toutes ces finasseries et tous ces marchandages que d'autres nations ont abandonnés, ne fût-ce que par calcul et par économie de temps.

Après les théories énoncées ci-devant, entrons d'une manière plus précise dans quelques exemples d'application.

MOYENS DE DÉBOUCHÉS.

Réunions et Unions.

Réunion, quand il ne s'agit que de s'assembler pour conférer, étudier ensemble, délibérer.

Union, quand il y a alliance d'intérêts plus ou moins grands.

— Il est sage de ne pas passer à des unions sans s'être connus et compris dans des réunions préliminaires, ou, autrement dit, de ne faire de pratique qu'après avoir débattu les diverses théories.

Nous allons diviser en six chapitres les degrés, les phases, les essais que nous considérons comme moyens d'activer les débouchés de l'industrie parisienne :

1° *Conférences*, avec une simple cotisation de dix francs environ par an, à l'instar des clubs ;

2° *Publicité*, qui augmenterait la cotisation par l'entreprise d'un bulletin, avec ou sans dessins lithographiques ;

3° *Estampille*, qui, entrant dans le domaine des produits, nécessiterait d'abord des frais plus grands, supportés, il est vrai, par la marchandise, mais surtout une organisation déjà compliquée ;

4° *Exposition* ou centralisation sur le marché de Paris, pour aider à la *Demande* des étrangers ;

5° *Exportation*, ou transport de l'*Offre* sur les marchés étrangers, le moyen le plus coûteux, la dernière phase de nos essais, but auquel vise votre commission, Messieurs ;

6° Enfin, *Éducation*, théorie la plus large, la plus vague, diront les esprits légers ; mais la plus solide et la plus certaine, diront les vrais amis de la patrie.

Avant de traiter sommairement ces six questions, je signalerai à votre attention, Messieurs, comme le modèle le plus convenable à imiter, la *Société d'encouragement pour l'industrie nationale*, rue du Bac, vrai centre de *Découvertes*, comme la société que je désire serait un vrai centre de *Débouchés*.

La Société d'encouragement, fondée il y a bientôt cinquante ans, sur la réussite de laquelle Chaptal, ministre de l'intérieur, émettait des craintes en 1801 ; la Société d'encouragement, riche d'une rente de quatre-vingt mille francs qu'elle emploie à encourager l'industrie, devait aussi, dans l'intention de ses fondateurs, qui créèrent un comité de commerce, encourager les débouchés et la circulation ; mais ce pauvre commerce, qui a été étouffé chez les Carthaginois par les Romains, qui a été étouffé en la personne de Jacques Cœur par les hommes d'armes du quinzième siècle, est encore étouffé en plein dix-

neuvième siècle, à la rue du Bac, par deux comités domi-
nants; et pour en donner une preuve entre autres, l'an
passé, le président de la Société, qui a poussé les recherches
de la chimie à des *limites* qu'on n'avait pas encore atteintes,
s'étant permis de penser que le commerce français pouvait
sortir de nos frontières, et s'exercer dans des *limites* que nos
voisins d'outre-manche regardent comme leurs faubourgs,
l'honorable président, menacé sur son siége, a été ramené
aux considérations chimiques du globe, avec prière d'ou-
blier les considérations philosophiques, géographiques,
commerciales et maritimes de ce qui ne paraissait pas à la
Société être du travail national.

Et ce qui excuserait à quelques égards la Société d'encouragement, c'est que l'industrie est bien assez loin poussée en
France pour former une organisation à part, entre l'Agriculture d'une part, à laquelle se rattachent diverses branches d'industrie, et, d'autre part, entre le Commerce et la Marine, aux-
quels se rattachent le plus grand nombre des autres branches
d'industrie vraiment françaises. La Société d'encouragement
une fois excusée, il n'en reste pas moins à créer une institution
vivace pour les *Débouchés.*

Pour les unions ou réunions, je demanderais, suivant le tableau de 1842 déjà cité, deux sections bien tranchées, et
opposées : 1° celle des Fabricants ou délégués des branches
de production, et 2° celle des Commerçants exportateurs ou
délégués des contrées de consommation. Une dernière section
moins indispensable réunirait quelques savants et artistes
professeurs du goût et de la précision, qui sont la base de nos
produits, des économistes, des banquiers représentant les
capitaux, des armateurs et agents des transports et douanes,
enfin des jurisconsultes pour l'étude et la poursuite des litiges
qui s'opposent aux rentrées des capitaux engagés.

J'ai donné déjà (page 2) une nomenclature sommaire des
branches de la production parisienne.

Voici comment on pourrait diviser les contrées de consommation du globe à peu près d'après l'importance : 1° Amé-
rique du Sud; 2° États-Unis; 3° Angleterre; 4° Allemagne;

5° Italie et Suisse; 6° Espagne et Portugal; 7° Belgique et Pays-Bas; 8° Russie; 9° Pays scandinaves; 10° Levant; 11° Asie, Afrique et Océanie; 12° nos Colonies.

Conférences.

Il y a à Paris divers clubs ou cercles de commerçants ou de fabricants, mais qui n'ont été fondés que pour le *loisir;* la Société d'encouragement ne s'occupe que de *travail;* n'ayons pas la prétention d'allier le travail et le loisir, qui doivent avoir chacun leur local séparé.

Étudier, comme on doit le faire dans les chambres de commerce, les ressources et les obstacles de l'industrie et du commerce ;

S'éclairer sur les notions exactes du commerce international ;

S'entendre avec les autorités, ministères, chambres de commerce, prud'hommes, consuls ; transmettre les pétitions intelligentes ;

Prendre connaissance sur des extraits pour chaque branche ou chaque contrée, des documents mensuels du ministère du commerce, et fournir nous-mêmes des renseignements ;

Pousser à la simplification de nos douanes, et à l'influence . sur les douanes étrangères ;

Dans les chiffres de production et d'exportation, calculer les espérances et prévoir les crises ;

Aviser à tenir haut l'honneur national ;

Dans les phases depuis le sentiment naissant d'un pays pour nos produits de goût jusqu'au moment où il arrive à nous imiter, scruter les chances de réussite qu'ont nos articles pour de nouveaux pays ;

Débattre les intérêts de la production et de la circulation, de manière à ce que le commerçant, qui doit ressembler à la lentille d'optique qui rapproche les rapports, ne devienne pas un verre opaque qui les obstrue ;

Enfin, toucher toutes les questions qui sembleraient dévolues à la chambre de commerce de Paris, mais qui, vu les spécialités et les détails, ont nécessité, à côté du tribunal de commerce, les tribunaux des prud'hommes.

Tels sont divers sujets de conférences, dont le programme serait facile à augmenter.

Publicité.

Si de l'intérieur de votre lieu de réunion vous voulez agir sur le public producteur ou consommateur, vous arrivez à la nécessité d'un journal ou bulletin avec planches, comme le publie la Société d'encouragement. Seulement, au lieu de faire ressortir, comme celle-ci, les procédés de haute invention, sans s'occuper beaucoup des dépenses, vous avez à mettre en relief les beaux produits avec leurs prix; les produits aussi, qui, au lieu du mérite de la nouveauté, ont le mérite du bas prix, de manière à être vulgarisés et répandus sur tous les marchés.

Vous faites la guerre à la *Réclame*, et vous favorisez l'abouchement du bon producteur et du bon consommateur.

Vous votez, aux frais de la Société, l'impression et le dessin de tout ce qui est digne d'être encouragé. — Les dessins se lisent par tous les yeux du globe; mais les explications seraient traduites dans les langues principales.

Seulement, pour les conditions et prix de vente, le commerçant qui a l'habitude de ces calculs devra mettre les fabricants en garde contre l'extrême imprévoyance avec laquelle ces messieurs procèdent trop souvent à cet égard.

Estampille.

L'appréciation des produits à faire valoir par la publicité, supposait déjà des Vérificateurs choisis par les fabricants sur la liste des commerçants.

On comprend que des hommes non fabricants eux-mêmes, mais commerçants déjà connaisseurs, ou bien des commis de choix qui se voueraient à l'étude approfondie des spécialités, ce qui ouvrirait des carrières, honorables et lucratives; on comprend, dis-je, que de tels jurés, de tels appréciateurs, offriraient toutes les garanties désirables pour indiquer la valeur d'un produit, soit aux étrangers acheteurs, soit aux commissionnaires d'achats qui représentent la consommation du dehors, et qui ne peuvent étudier à fond toutes les branches de fabrication.

Cette estampille de commerce sera le complément de la marque de fabrique, et obviera au manque de marque de certains produits : elle se fera connaître avec avantage sur les marchés du dehors ; recherchée, exigée même, elle pourra se faire payer raisonnablement, car le consommateur paye volontiers quand il a la certitude de n'être pas trompé. — Cette estampille n'a pas la prétention de devenir un monopole ; la nôtre est l'estampille *Jacques Cœur*, déposée suivant la loi.

D'autres prendront l'estampille Turgot, l'estampille Colbert ; et si ces estampilles étaient contrefaites sur les marchés par des fabriques non françaises, nos consuls, pour des colis qui en vaudraient la peine, appuieraient ne leurs sceaux notre estampille véritable.

Je n'entrerai pas ici dans l'organisation de cette estampille, dans son application aux produits divers, depuis la boucle d'oreille de quelques grammes jusqu'à la caisse de deux cents kilos ; ceci, Messieurs les membres de la commission, est du métier que nous traiterons avec nos collègues de la fabrique et du commerce.

Exposition.

La gradation de nos essais nous mène à désirer, sur une belle échelle, une exposition des *échantillons* des produits de l'industrie parisienne, pour que l'étranger, en arrivant, puisse faire un choix des fabriques qu'il devra visiter, et d'un coup d'œil combiner son projet d'achat.

Aux expositions du gouvernement beaucoup de bons fabricants n'adressent pas leurs nouveautés , de peur du plagiat des émissaires chaque fois envoyés soigneusement de l'étranger ; notre exposition différerait des expositions du gouvernement, en ce que les produits similaires de divers fabricants concurents séraient exposés à la comparaison de l'acheteur; l'entrée serait donc interdite aux fabricants; et les commerçants *Facteurs* feraient valoir les produits, et concluraient souvent les affaires pour une légère provision.

Cette exposition, concentration de l'offre et de la demande, rechercherait, outre les nouveautés de goût, les produits usuels, bons et bon marché, donc susceptibles de débouchés ; cette exposition viserait à l'approbation et à l'échange du globe, laissant chaque nation de l'Europe, dans des expositions nationales, stimuler la fièvre des chefs-d'œuvre sans prix, sans utilité, sans acheteurs, et les couvrir de fanfares et de récompenses, satisfaction que, du reste l'Angleterre ne donne pas à ses fabricants.

Et, à l'occasion des expositions, je pense que les objets qui ont été déposés en gage aux entrepôts publics devraient d'abord être exposés ici sur place, avant que de courir la chance dangereuse de la surcharge du transport et des droits d'entrée en pays étrangers, chance à laquelle les exposait l'article 9 du projet de la commission du travail ; pourtant réservons-nous de voir de plus près les marchandises déposées, ainsi que les conditions et prix.

Exportation.

Tout ce qui a été indiqué jusqu'ici était encore assez simple, comparé à de véritables entreprises d'exportation.

Que l'État d'abord s'abstienne de toute entreprise, comme nous l'avons déjà dit, après nous avoir mis sur la voie par un essai à Mayotte, et par l'expédition en Chine, entreprise que nous connaissons à fond, ayant été membre de la commission d'examen de l'opération chinoise.

L'État, mieux renseigné sur les questions politiques, est, sur les points commerciaux, moins bien renseigné que les particuliers, qui ne lui confieront pas leurs secrets.

Une société est une agrégation de particuliers qui pèsent leurs intérêts en commun : l'État, c'est une providence avec l'énorme corne d'abondance renversée, de laquelle doivent tomber sur nous les faveurs et les cadeaux.

La Chine, comme contrée d'études, était le point le plus intéressant vers lequel l'État pouvait diriger une expédition : mais ce pays ne mûrit que lentement, et il serait dangereux de forcer plus que ne le font quelques armateurs, et la Société chino-parisienne. — Plus près de nous sont des pays qui offrent des chances meilleures, et sur lesquels nous reviendrons : et Londres pourrait être le premier point.

Pour notre industrie parisienne nous penchons surtout pour des comptoirs permanents, la paccotille et l'intercourse procèdent d'une manière trop incertaine. — Il est vrai que la permanence opérera d'une manière plus lente que la pacotille, mais elle offrira moins de hasards, et nous mènera plus sûrement au but désiré.

Figurons-nous l'union Jacques Cœur arrivée à ce degré qu'elle puisse commanditer ou faire commanditer des jeunes gens qui iraient, comme les Anglais, passer six à huit ans dans des comptoirs où ils étudieraient les goûts des nations, et les familiariseraient avec notre goût; d'où ils éclaireraient les fabricants sur les besoins des contrées diverses. Une telle émigration, d'où nos jeunes commerçants correspondraient avec leurs frères et collègues des autres contrées, serait acceptée avec enthousiasme, et justement en raison du danger que présentent quelquefois ces missions. N'avons-nous pas eu, en août dernier, notre agent, sujet suisse assassiné dans le port même de Canton par des pirates chinois? et son successeur, parti dernièrement, ne va-t-il pas dans les factoreries, après à cinq mille lieues de traversée, s'exposer à des dangers équivalents à ceux affrontés dans l'état militaire, ou à des martyres à côté de nos missionnaires français?

Plus nos jeunes émigrants s'attacheront à des branches spéciales , plus ils seront sûrs de la réussite. L'union Jacques Cœur, conseillerait toujours pour commencer plutôt des Échantillonages que des Stocks (assortiments), elle aviserait à aboucher le plus directement possible le producteur et le consommateur; et moins le rôle d'action et de responsabilité que l'union aurait à jouer serait lourd, plus elle serait sûre de rendre des services à l'exportation parisienne et française.

Nous dirons à nos collègues du commerce : Il arrivera que des fabriques lancées ainsi par vous, si leurs débouchés deviennent considérables, pourront et devront un jour se passer de votre entremise , parce que justement elles auraient leurs agents spéciaux dans les pays que vous leur auriez ouverts; mais d'abord, jusque-là , vous aurez gagné des provisions avec elles (intérêt) ; et si la France doublait ou triplait par là son exportation, et que vous y eussiez contribué, n'en seriez-vous pas heureux (dévouement)? Et puis, le commerçant, souvent courtier sans grand matériel, retrouve de nouveaux articles quand certains lui échappent; tandis que le fabricant a pour ses usines et pour ses modèles souvent de grandes avances à faire, dont toute économie permise doit le dédommager.

Éducation.

Ce chapitre, Messieurs les membres de la commission, est trop loin de votre mandat pour que je m'y étende. Regrettons seulement que pour les carrières militaire ou civile, mines, artillerie, marine, arts et manufactures, agriculture, des *écoles*, des *cours* existent; mais notre pauvre commerce, est bien maigrement partagé. L'Université nous apprend du grec et du latin, qu'elle devrait remplacer par deux langues étrangères vivantes. L'éducation du commerçant devrait se nourrir de voyages comme celle du peintre va se compléter à Rome; et quand je vis dernièrement qu'on pouvait aller à Londres pour moins de 30 fr., je calculais que huit fabricants, pères de famille, réunissant 1,000 fr., soit 125 fr. pour chacun de leurs fils, pouvaient fort utilement leur faire passer une semaine de vacances à Londres ; et si j'avais l'honneur d'être le Mentor et le cicérone de la troupe, je voudrais essayer de leur faire partager ces fortes émotions qui m'exaltèrent à l'âge de vingt ans, quand pour la première fois je vis cette ville immense, ce grand fleuve, premier port du globe, ces docks, ces larges rues, toute cette physionomie si différente de la nôtre ; cette ville enfin à quinze heures de Paris, la plus intéressante que je connaisse, et où les Français auront tant d'emprunts à faire dans l'avenir.

Messieurs les membres de la commission, je conclus en me mettant à votre disposition pour les détails plus spéciaux que ne pouvait contenir cette notice destinés aussi au public fabricant et commerçant.

Si mes vues avaient votre approbation, j'aurais gagné la moitié de ma cause, et m'adressant de suite à mes collègues de l'industrie parisienne, je provoquerais la discussion des idées que je soulève, et tâcherais de trouver beaucoup d'amis qui partageassent ma conviction, désireux d'ailleurs de m'éclairer par les observations des autres.

Mais l'action est ce qui nous presse le plus, surtout en vue des nécessités actuelles.

Les tissus et les produits naturels auraient probablement fait de leur côté des recherches et des efforts dont pourrait profiter l'industrie parisienne, et si ces trois familles de production pouvaient se rapprocher, l'industrie française, représentée en un seul faisceau, secondant les consuls supérieurs et généraux du commerce et des manufactures, marcherait plus sûrement vers une régénération nécessaire aux destinées de la République.

J'ai l'honneur d'être,

Messieurs les membres de la commission,

Votre bien dévoué serviteur,

D. POTONIÉ,

Rue Neuve Saint-François, 5.

Typographie Dondey-Dupré, rue St-Louis, 46, au Marais.